D1709971

Descubrimiento del espacio profundo

La Vía Láctea

Y otras galaxias

GAIL TERP

BLACK
RABBIT
BOOKS

Bolt es una publicación de Black Rabbit Books
Apartado Box 3263, Mankato, Minnesota, 56002.
www.blackrabbitbooks.com
Copyright © 2019 Black Rabbit Books

Marysa Storm, editora; Grant Gould, diseñador;
Omay Ayres, investigación fotográfica

Información del catálogo de publicaciones de la biblioteca del congreso
ISBN 978-1-68072-970-2

Impreso en China. 3/18

Créditos de Imágenes

apod.nasa.gov: NASA, 12–13, 26
(inferior); en.wikipedia.org: NASA/ESA, 27;
Nick Risinger, cubierta (fondo); hubblesite.
org: NASA,cubierta (telescopio); jwst.nasa.gov:
NASA/JWST, 28–29; nasa.gov: NASA, 9, 16–17,
25; photojournal.jpl.nasa.gov: NASA, 22; Science
Source: David A. Hardy, 26 (superior); Mark Garlick,
15; Shutterstock: Alex Mit, 29; Bupu, 3; Denis
Belitsky, 4–5; Merydolla, 18–19, 32; Natykach
Nataliia, 31; NikoNomad, 1; Triff, 6; vectortatu,
10–11; Vladi333, 21

CONTENIDO

CAPÍTULO 1

La Vía Láctea

Una banda blanca se extiende por el cielo nocturno. Brilla y destella. Parece continuar para siempre. Hace mucho tiempo, la gente miraba a esta banda. Les parecía como leche derramada. La llamaron la Vía Láctea.

Los planetas son cuerpos grandes que **orbitan** estrellas. La Tierra y otros siete planetas rodean al **Sol**. Son parte del **sistema solar**.

Alcanzar las estrellas

La Vía Láctea es una galaxia. El sistema solar de la Tierra es una pequeña parte de ella.

La gente sueña con explorar la Vía Láctea. Pero, por ahora, viajar a través de ella es imposible. Es demasiado grande. Cruzar la Vía Láctea tomaría alrededor de 2 mil millones de años.

¿Qué es una

Las galaxias son enormes cúmulos de estrellas y sus planetas. Algunas galaxias tienen trillones de estrellas.

Las galaxias también tienen polvo y gases que las estrellas dejan detrás cuando mueren. De ese polvo y gases se forman nuevas estrellas.

Algunos científicos creen que hay hasta 2 trillones de galaxias.

9

TIPOS DE GALAXIAS

Hay tres tipos básicos de galaxias.

las estrellas se forman en su mayoría en los brazos

forma de molinete

largas
brazos

espirales

compuesta en su mayor parte de estrellas viejas

elípticas

forma oval

compuesta en su mayor parte de estrellas jóvenes

irregulares

forma desigual

En movimiento

Las galaxias no se quedan en un solo lugar. La galaxias viajan por el espacio. Cuando las galaxias se acercan una a la otra, a menudo se combinan.

Las galaxias son enormes. Así que, cuando se combinan, las estrellas rara vez se golpean entre sí. Se mantienen muy separadas. La unión puede tomar millones de años.

CAPÍTULO 3

Una MIRADA más de cerca a la Vía Láctea

La Vía Láctea es una galaxia espiral en barras. Tiene la forma de un disco delgado. Una barra de estrellas se extiende desde su centro. En el medio de la Vía Láctea hay un **bulto**. Está hecho de estrellas, gases y polvo. De ella, salen brazos de estrellas y polvo como remolino. Hay de 100 a 400 mil millones de estrellas en la Vía Láctea. Gases y estrellas viejas rodean la galaxia.

Galaxias en espiral barradas

Un
50 a **70%**
de las galaxias
espirales son
barradas.

Los científicos creen que se forma un agujero negro cuando muere una gran estrella.

16

Agujero negro

Un agujero negro está en el centro de la Vía Láctea. A pesar de su nombre, un agujero negro no es un hoyo. Es un lugar con una **gravedad** increíblemente fuerte. La atracción de la gravedad es tan fuerte que nada puede escapar de ella. Los agujeros negros absorben polvo y gas. Separan a las estrellas.

LA VÍA LÁCTEA

SISTEMA SOLAR
DE LA TIERRA

HALO DE GAS Y
ANTIGUAS ESTRELLAS

AGUJERO
NEGRO

BULTO

BRAZOS

CAPÍTULO 4

MÁS ALLÁ
de la Vía Láctea

El espacio está lleno de galaxias gigantes. Andrómeda (también llamada M31) es la más cercana a la Vía Láctea. Está a 2.5 millones de años luz de distancia. Con el tiempo, **colisionará** con la Vía Láctea. Pero las personas no necesitan preocuparse. M31 no llegará en miles de millones de años.

año luz

Un año luz es para medir distancias. Es qué tan lejos viaja la luz en un año. Un año luz es aproximadamente 5.9 trillones de millas (9.5 trillones de kilómetros).

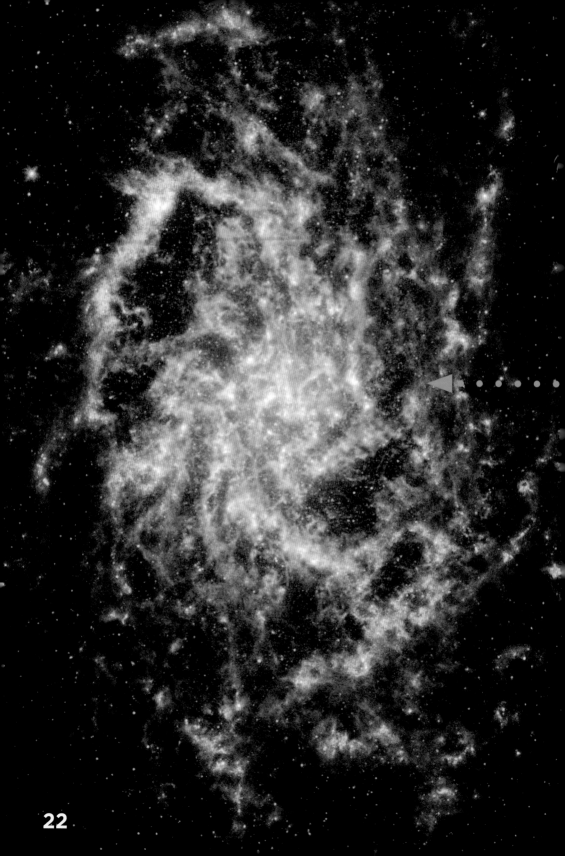

La galaxia Triangulum (M33)

Al igual que la Vía Láctea, la M33 es una galaxia espiral. Está a 3 millones de años luz de la Vía Láctea. M33 está llena de nubes de gas. Los científicos llaman a estas nubes criaderos **estelares**. Muchas estrellas grandes se forman dentro de ellas.

Las grandes estrellas no viven tanto tiempo como las pequeñas estrellas.

La galaxia Pinwheel (M101)

Las galaxias pueden ser hermosas a la vista. Y la M101 no es la excepción. Sus remolinos de estrellas y polvo están bien definidos. Es más o menos 70 por ciento más grande que la Vía Láctea.

¿QUÉ TAN GRANDE?

Andromeda (M31)

Pinwheel (M101)

La Vía Láctea

Triangulum (M33)

años luz de largo   0   30,000

220,000

170,000

100,000

más de 50,000

60,000   90,000   120,000   150,000   180,000   210,000   240,000

Parte de algo más grande

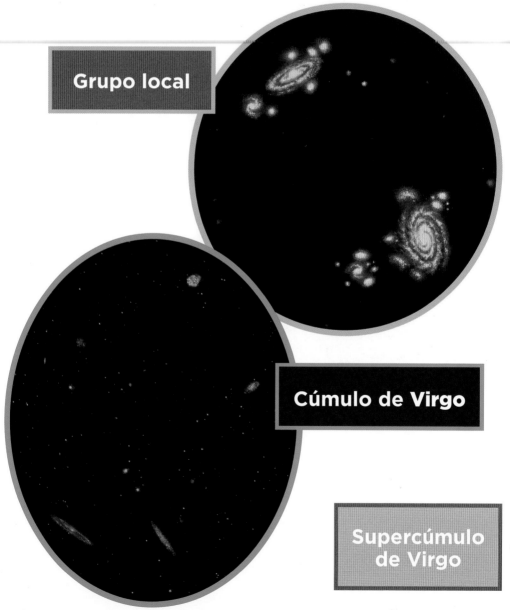

Grupo local

Cúmulo de Virgo

Supercúmulo de Virgo

El grupo local

Las galaxias forman cúmulos. Miles de galaxias pueden existir en un solo cúmulo. Los cúmulos forman grupos. Se llaman supercúmulos.

La Vía Láctea, M31 y M33 pertenecen a un grupo. Se llama el Grupo Local. Este grupo es parte del cúmulo de Virgo. Y ese cúmulo es parte del supercúmulo de Virgo. Los científicos creen que este supercúmulo es el hogar de 1 millón de galaxias.

Aprender más

La gente ha estudiado las galaxias durante cientos de años. Pero aún hay mucho por aprender. La nueva tecnología lo hará posible. Mejores telescopios y naves espaciales mostrarán galaxias con más detalle. Los nuevos descubrimientos le enseñarán a la gente más sobre la Vía Láctea. La gente aprenderá más sobre el **universo** que habitamos.

bulto — una parte que sobresale

colisionar – golpear algo o chocar uno a otro con fuerza

cúmulo — un grupo de cosas que están muy juntas

elíptica — tener una forma ovalada

estelar — relacionado con las estrellas

gravedad – la fuerza natural que atrae objetos físicos entre sí

órbita — la trayectoria de un cuerpo que gira alrededor de otro cuerpo

universo – todo del espacio y todo lo que hay en él

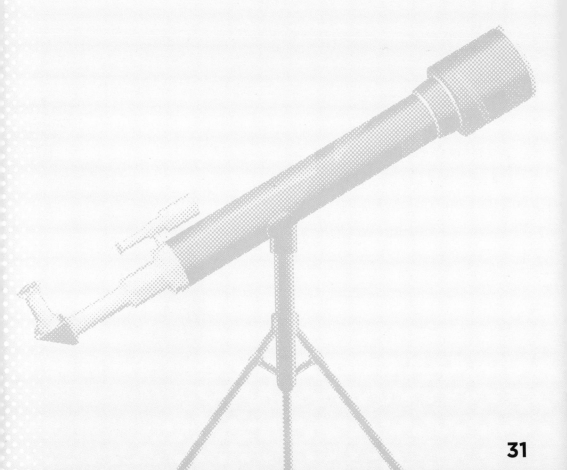

ÍNDICE